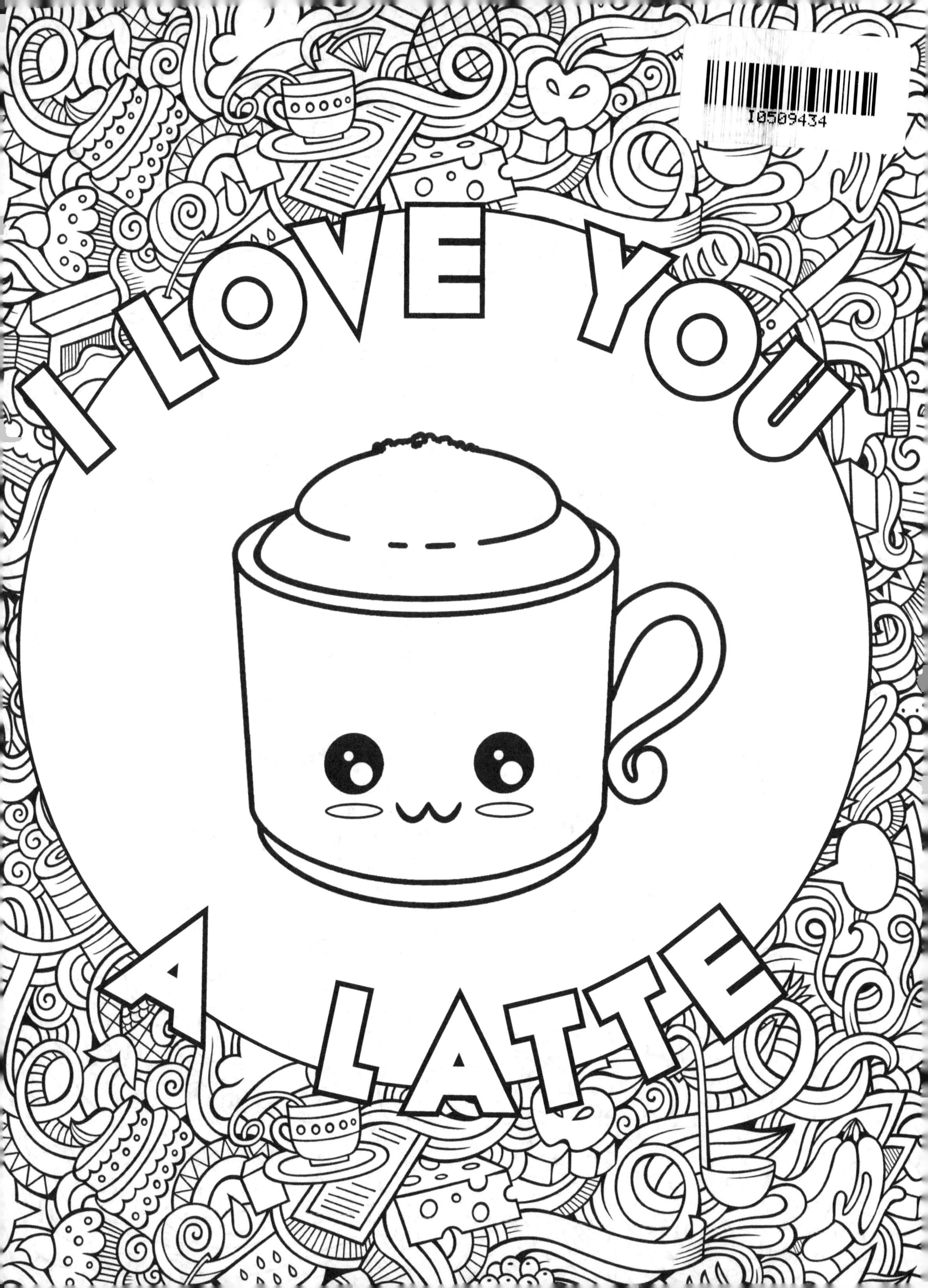
I LOVE YOU
A LATTE

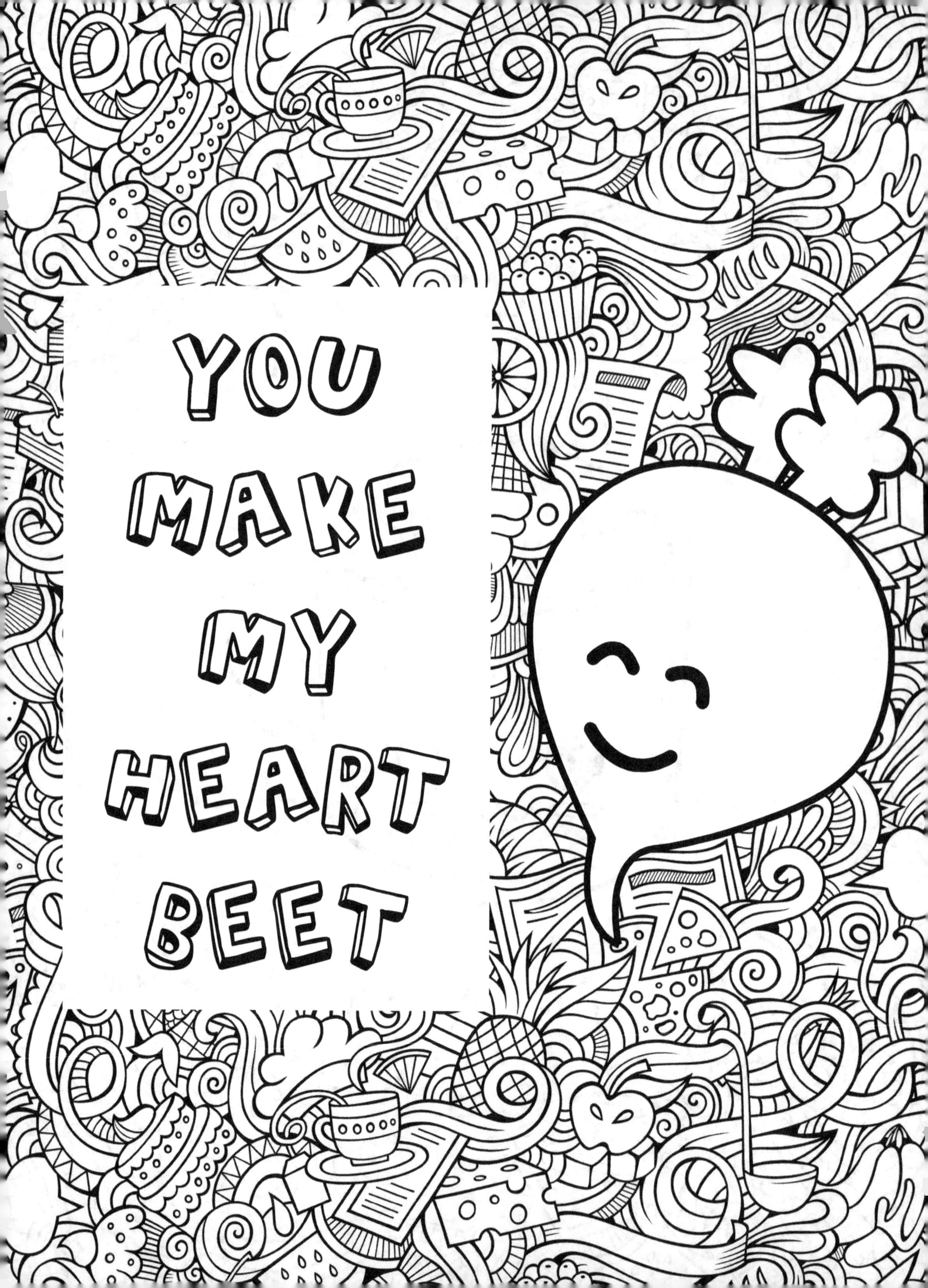
YOU MAKE MY HEART BEET

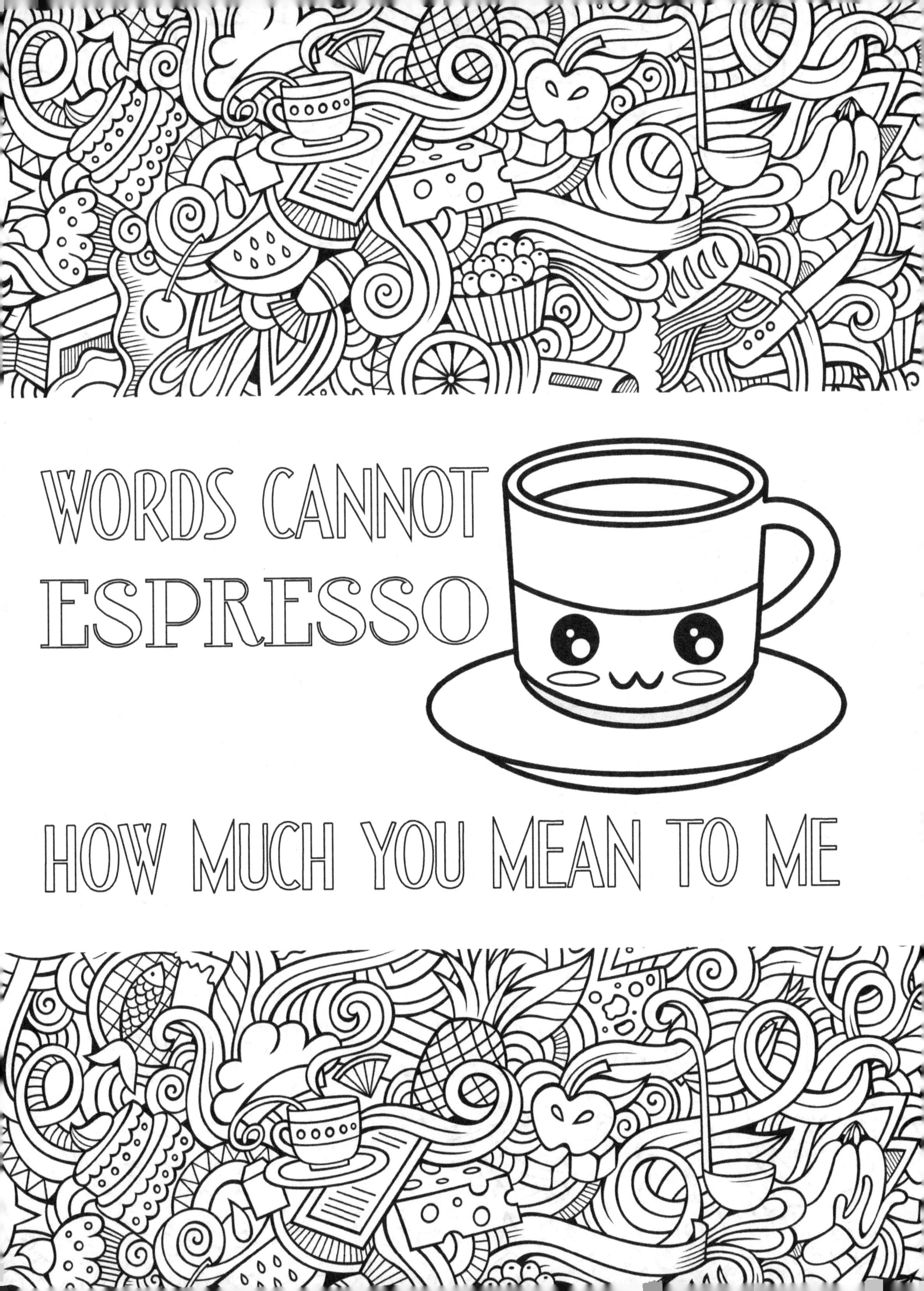
WORDS CANNOT ESPRESSO
HOW MUCH YOU MEAN TO ME

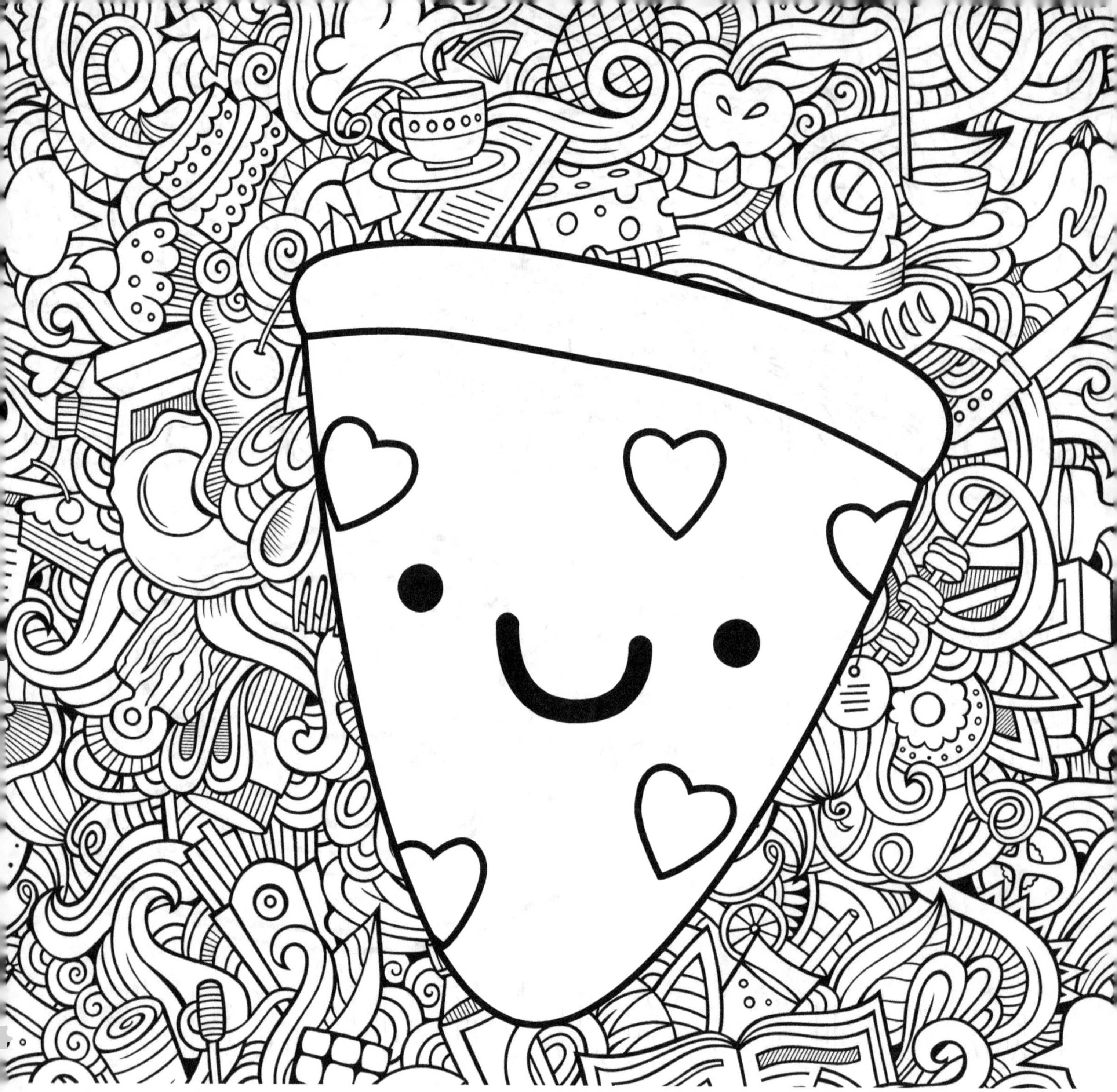

YOU'LL ALWAYS HAVE A PIZZA TO MY HEART

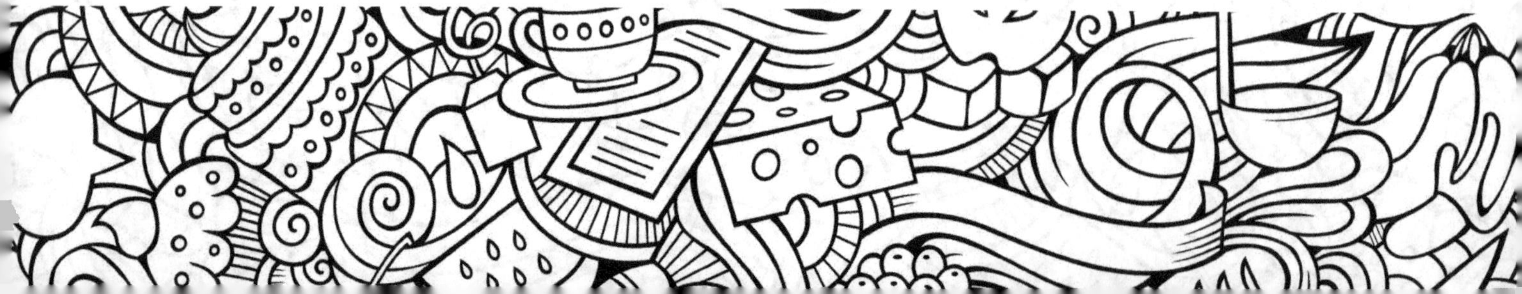

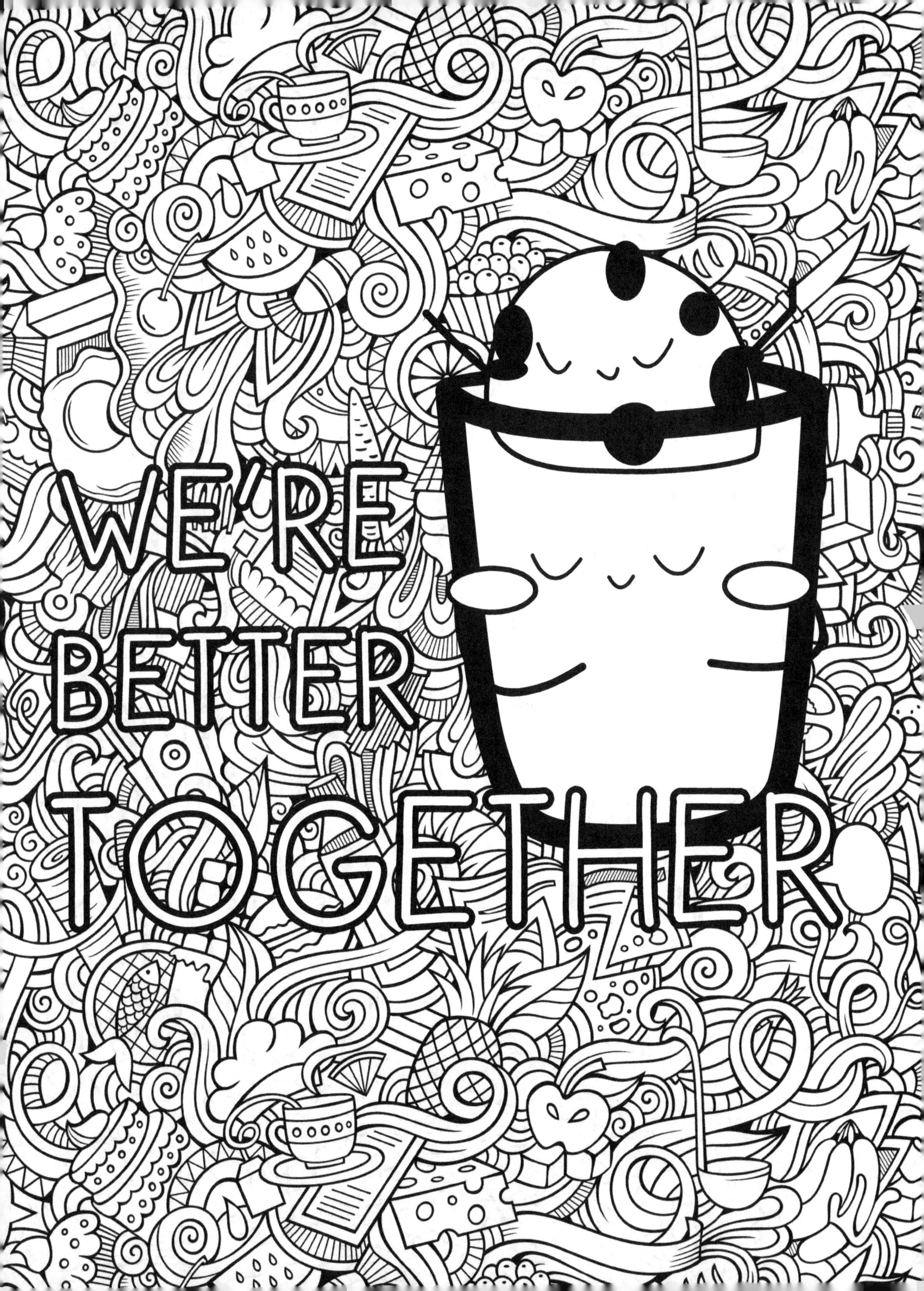
WE'RE
BETTER
TOGETHER

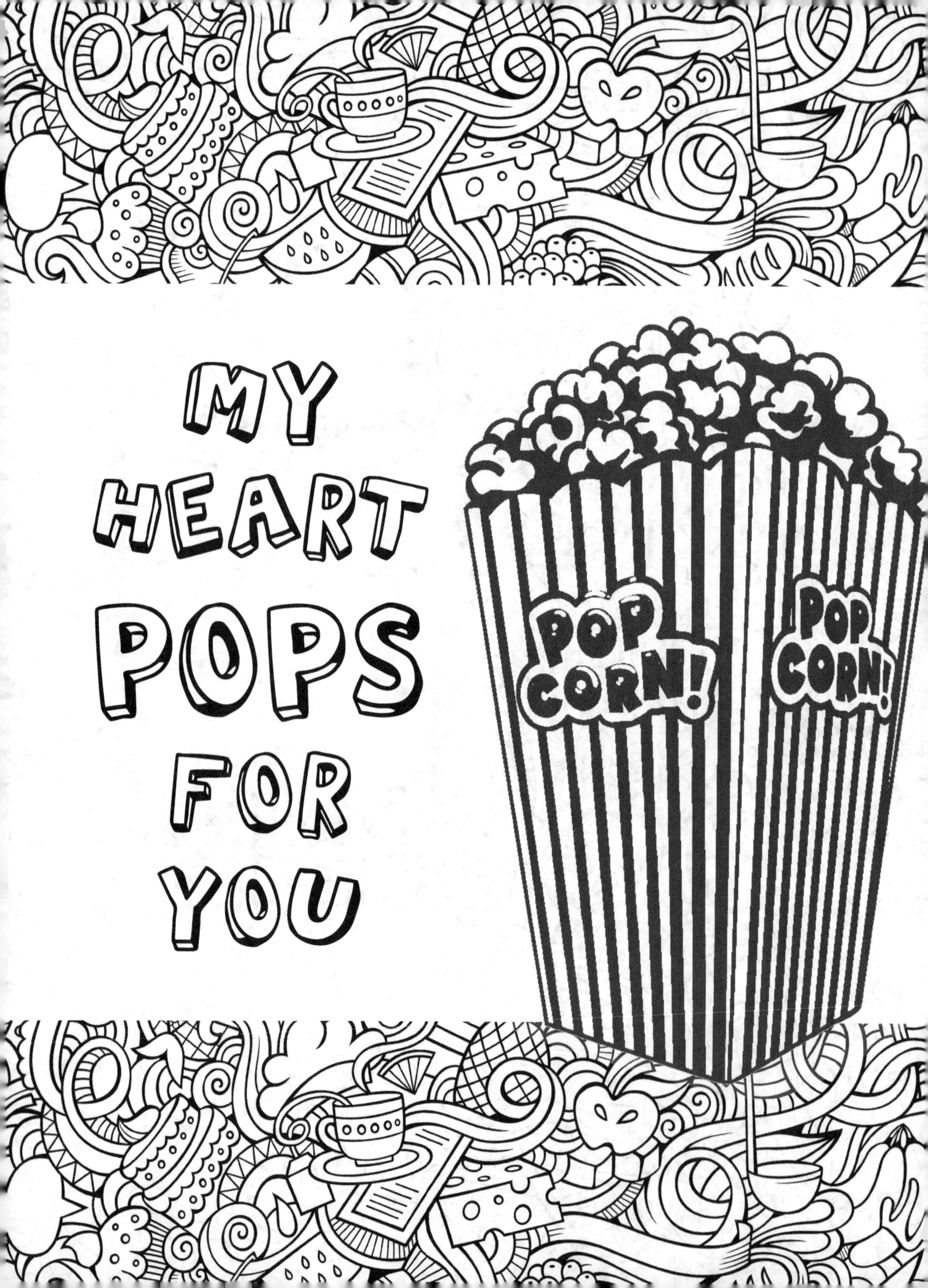
MY
HEART
POPS
FOR
YOU
POP CORN!
POP CORN!

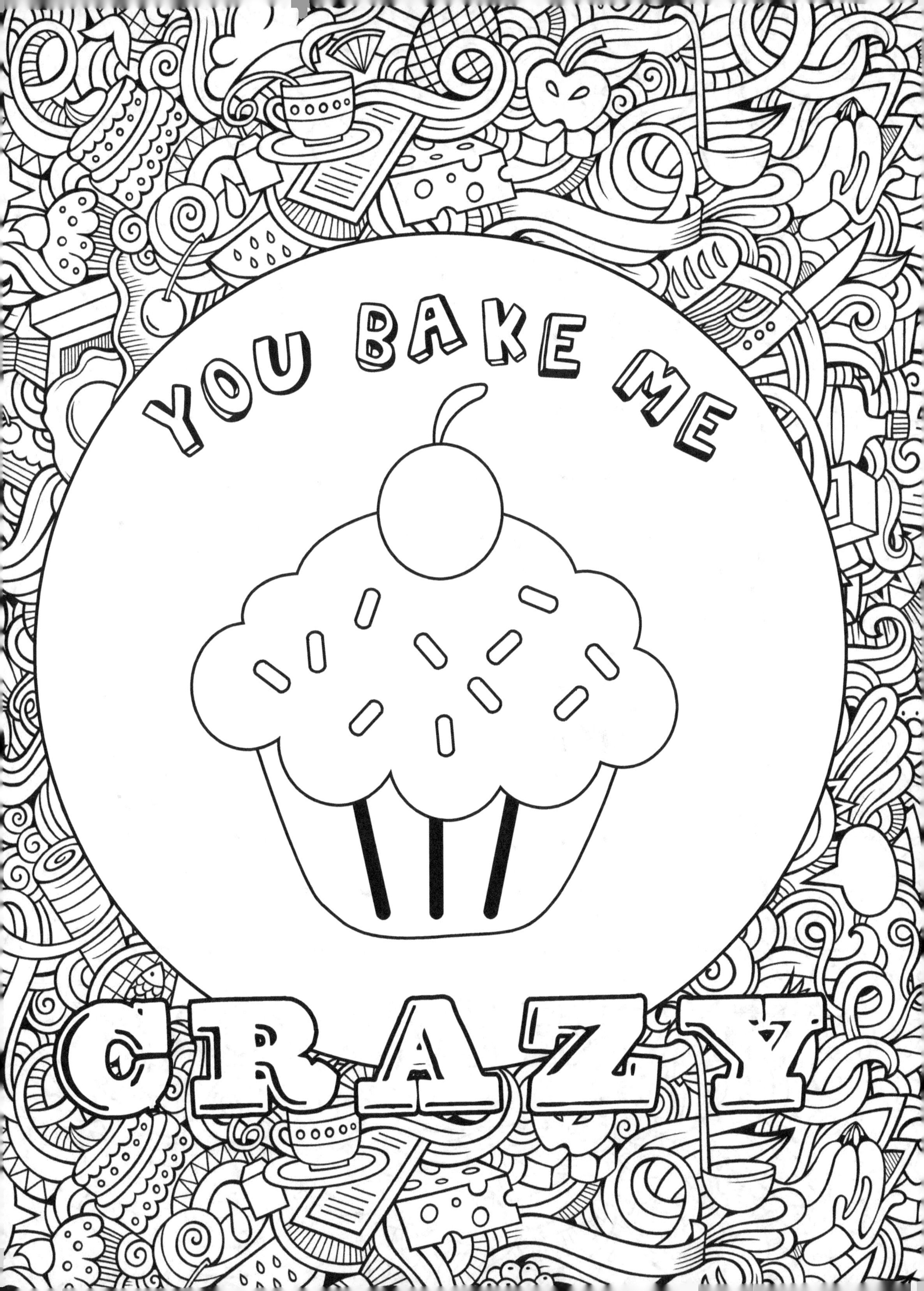
YOU BAKE ME
CRAZY

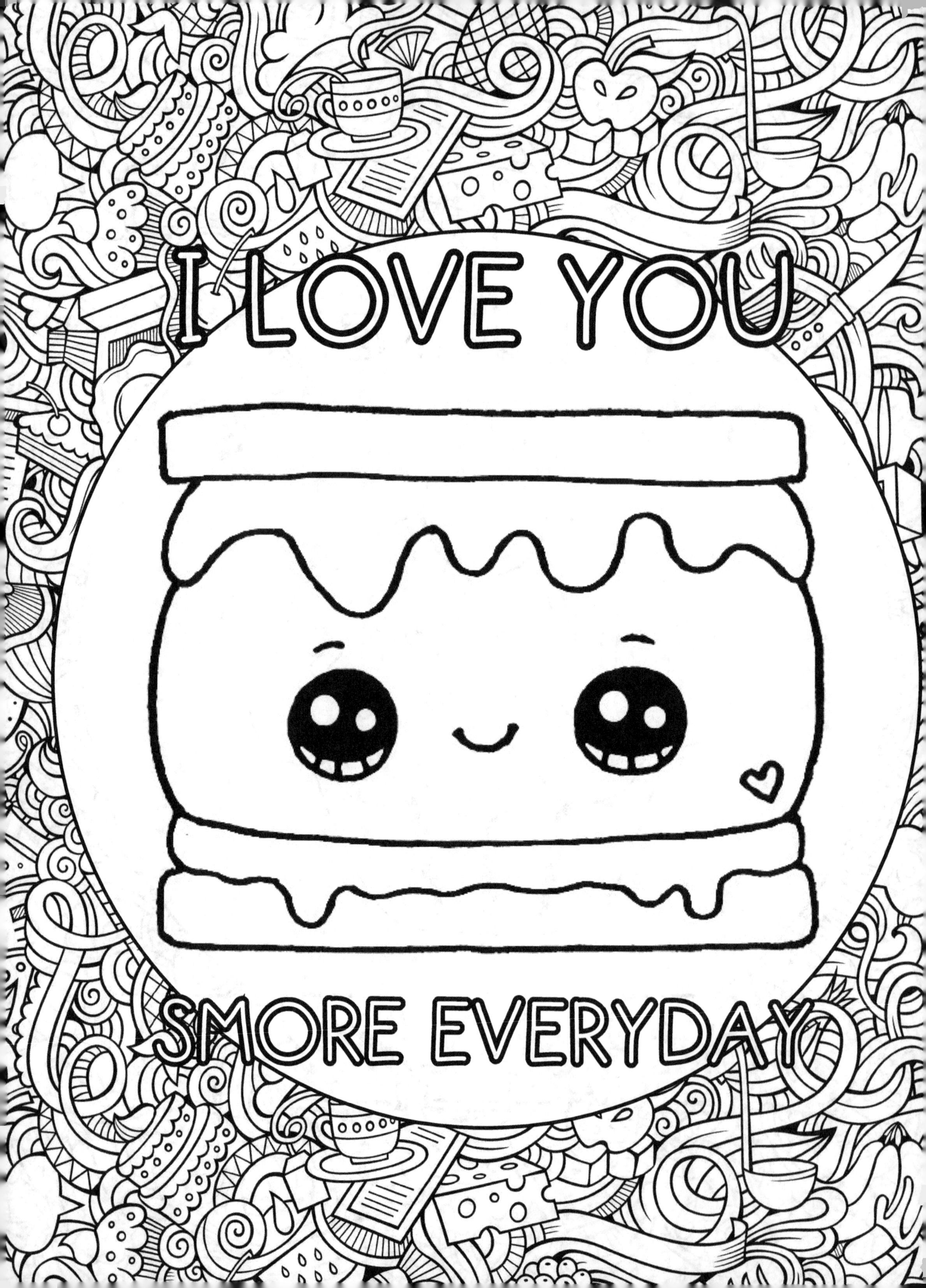
I LOVE YOU
SMORE EVERYDAY

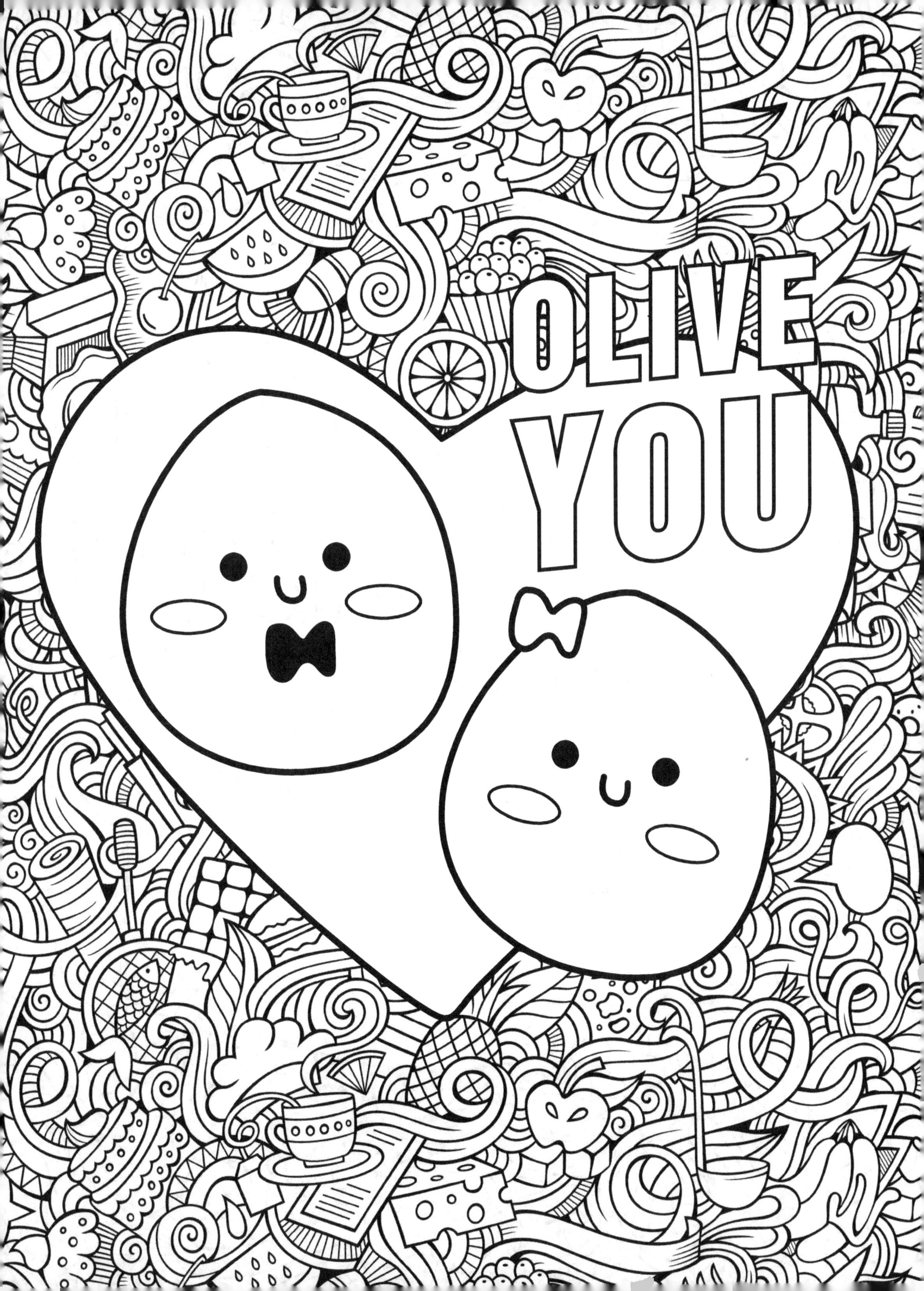
OLIVE
YOU

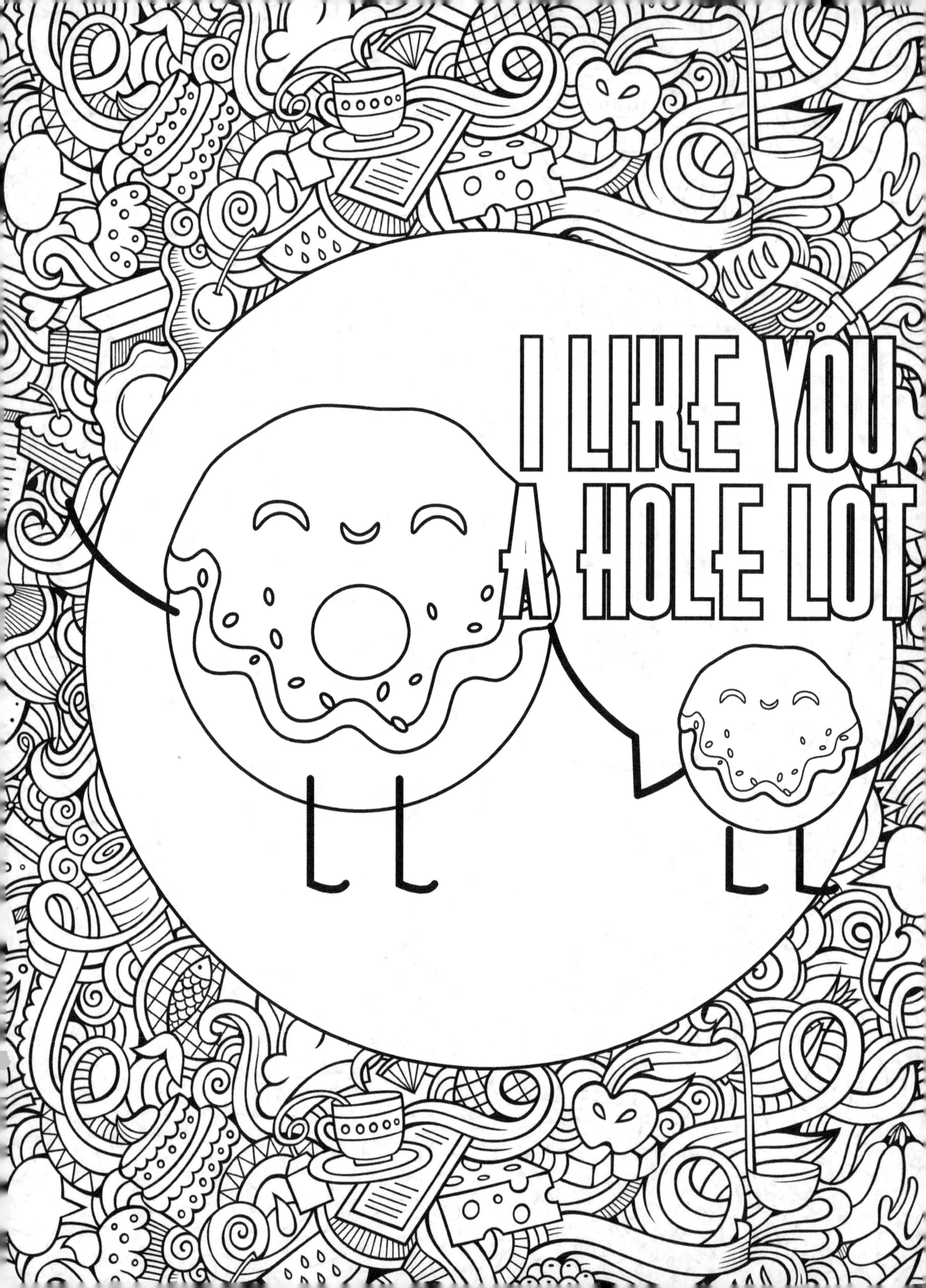
I LIKE YOU
A HOLE LOT

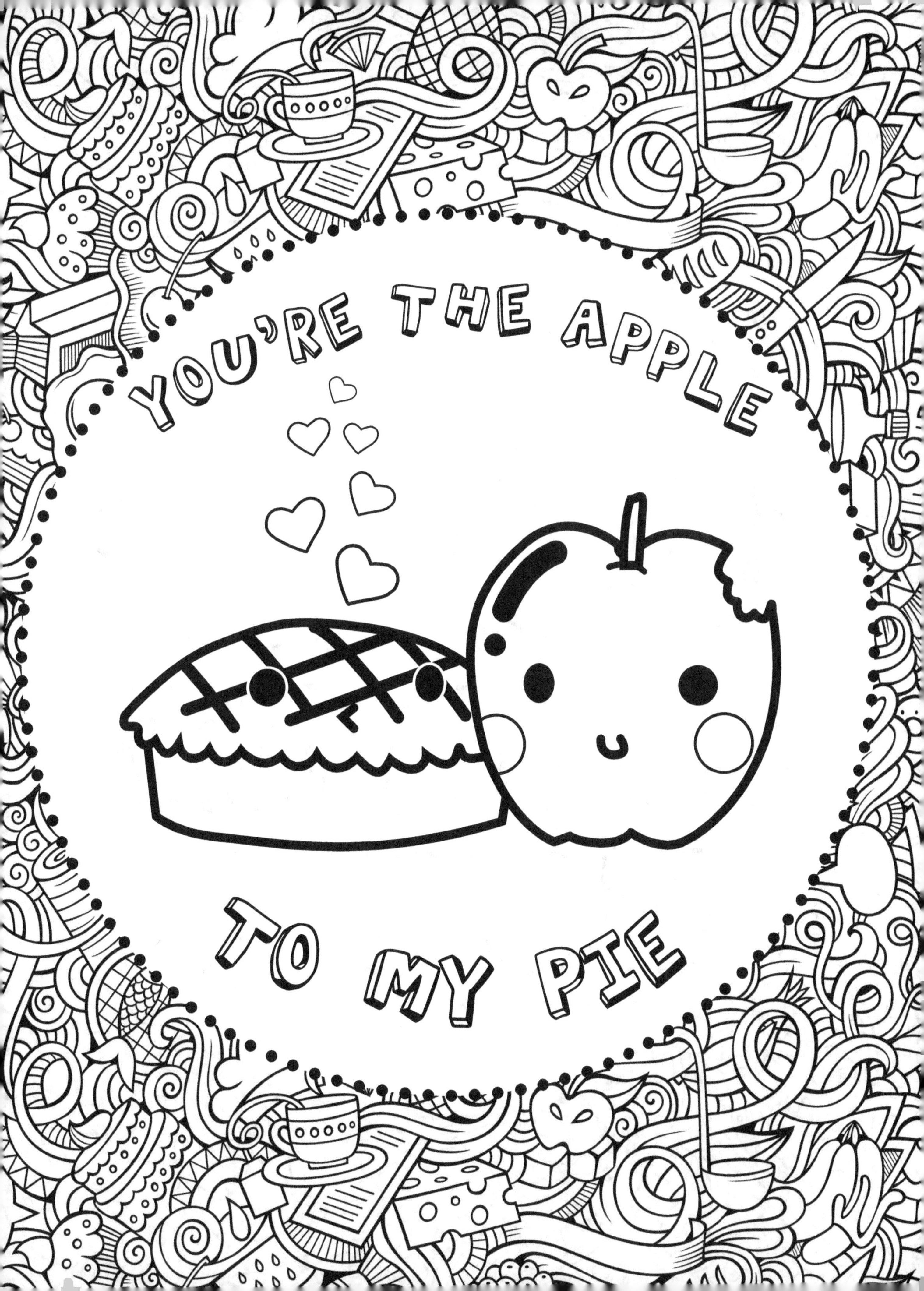
YOU'RE THE APPLE
TO MY PIE

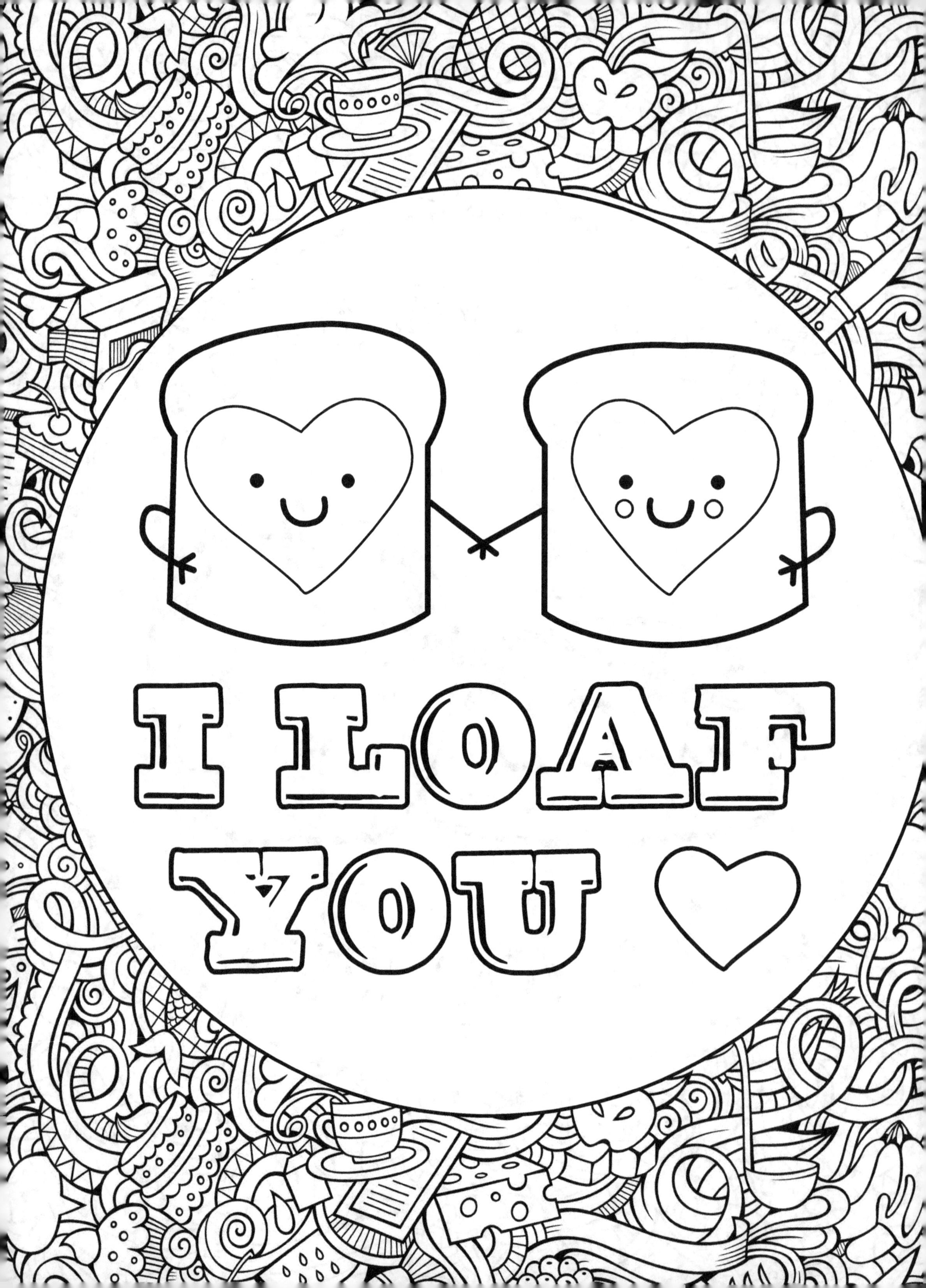
I LOAF
YOU ♥

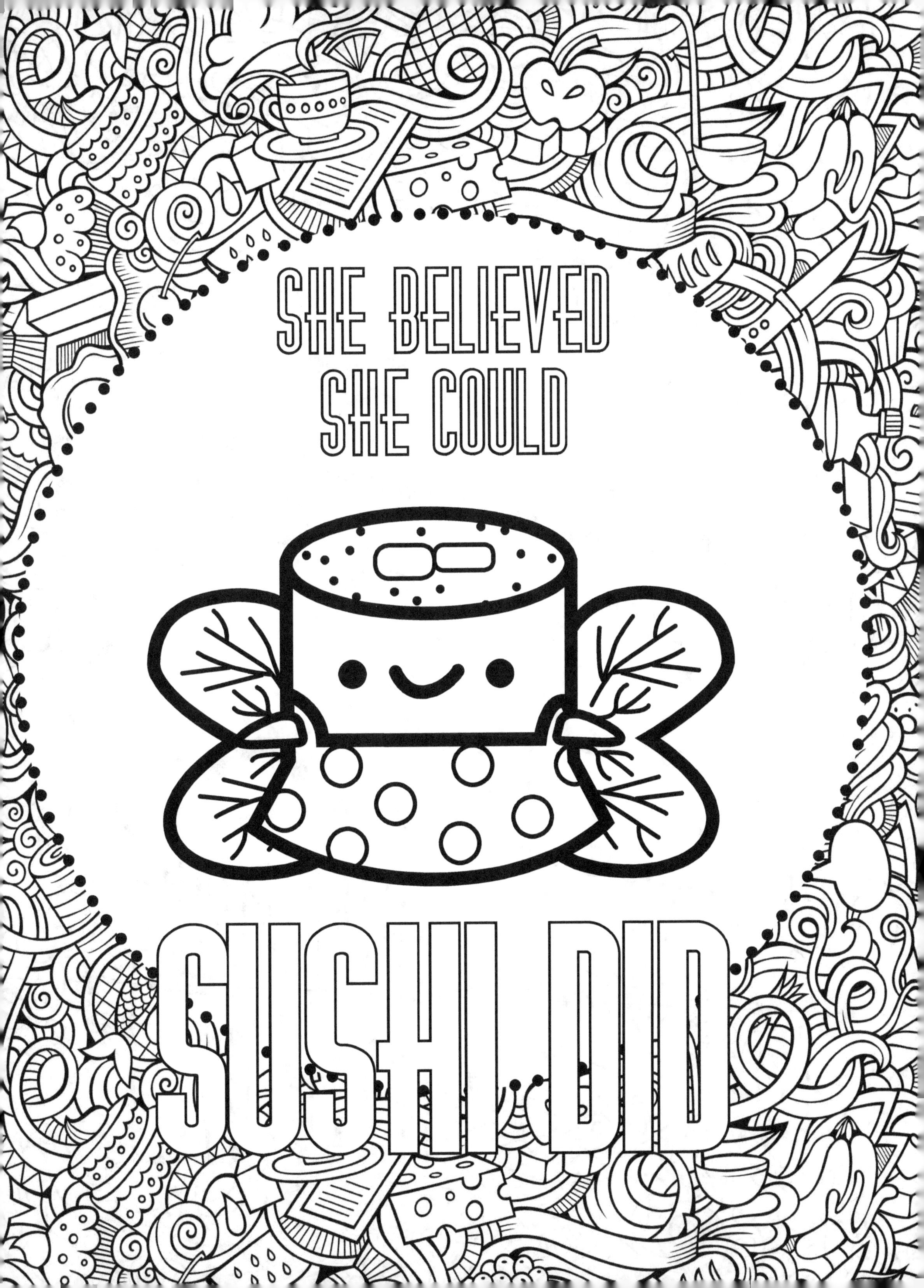
SHE BELIEVED
SHE COULD
SUSHI DID

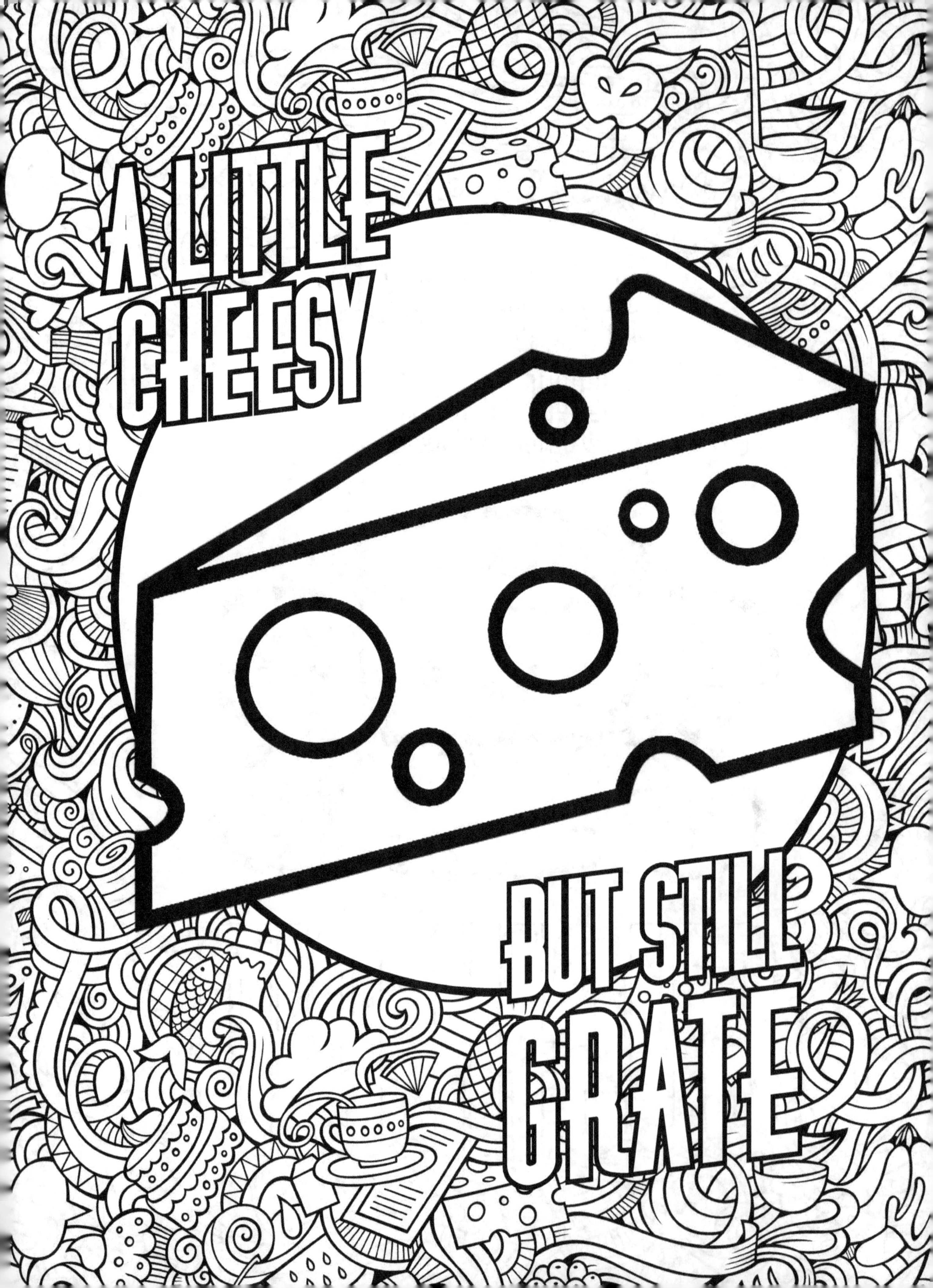
A LITTLE CHEESY
BUT STILL GRATE

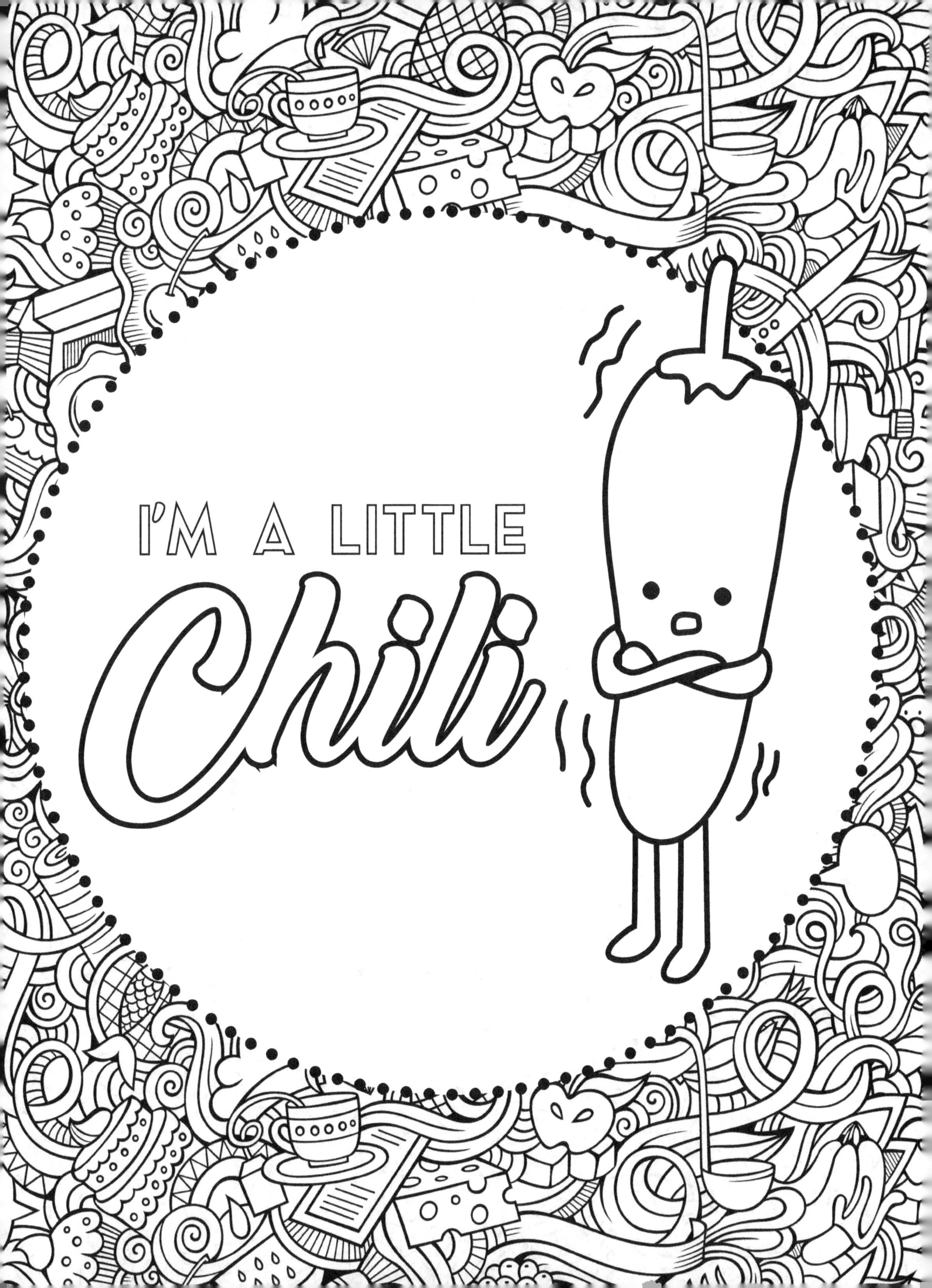
I'M A LITTLE
Chili

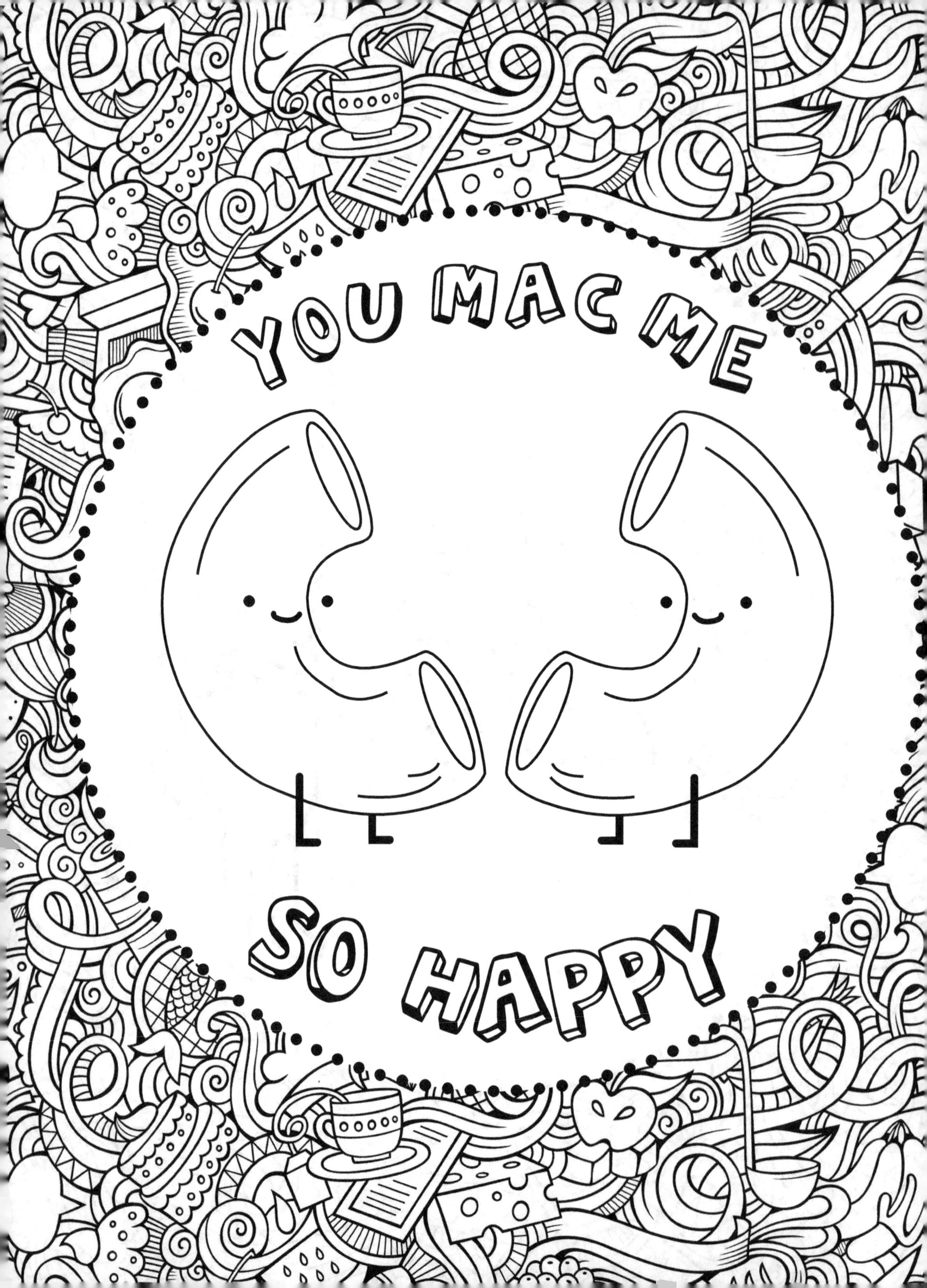
YOU MAC ME
SO HAPPY

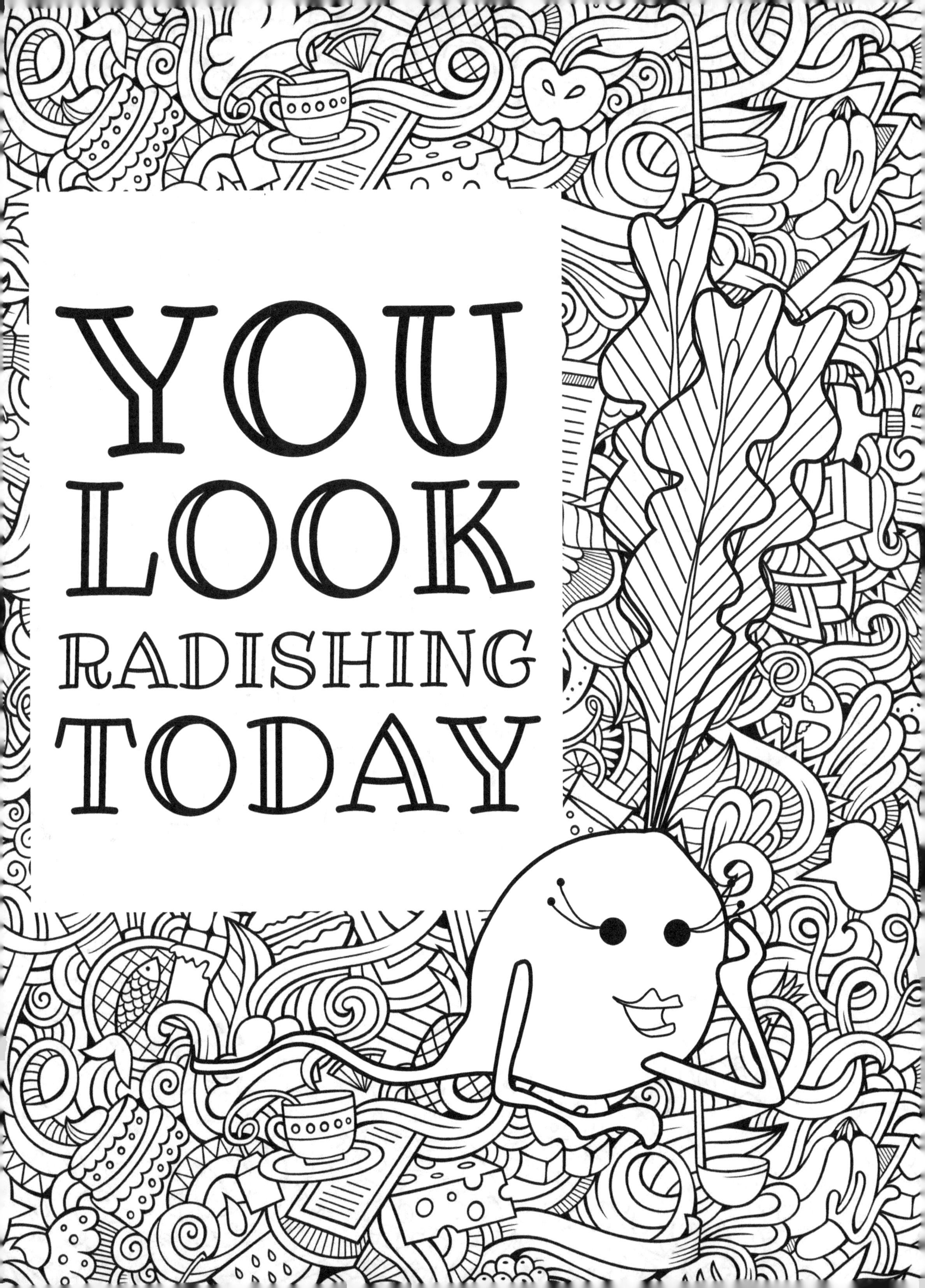
YOU
LOOK
RADISHING
TODAY

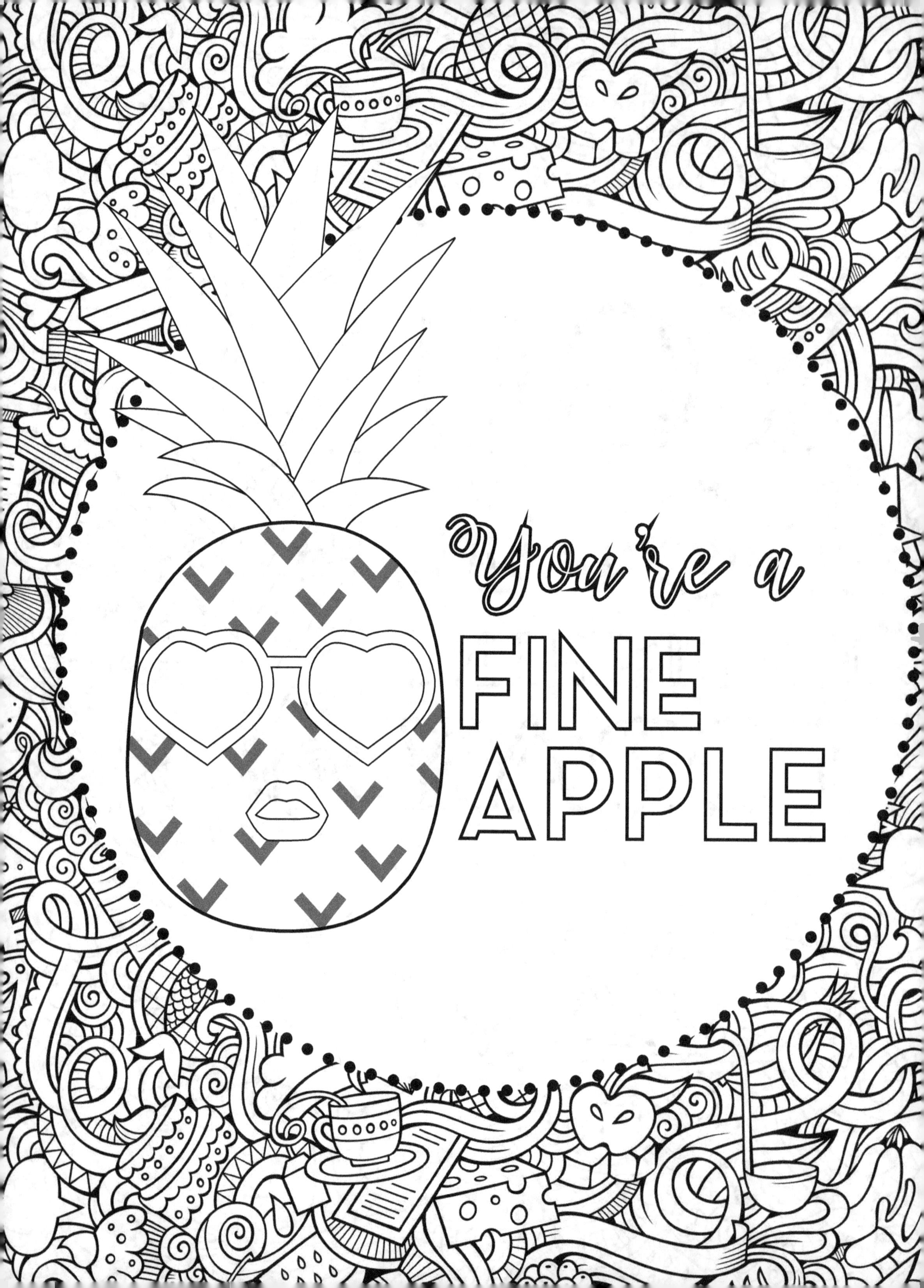
You're a
FINE
APPLE

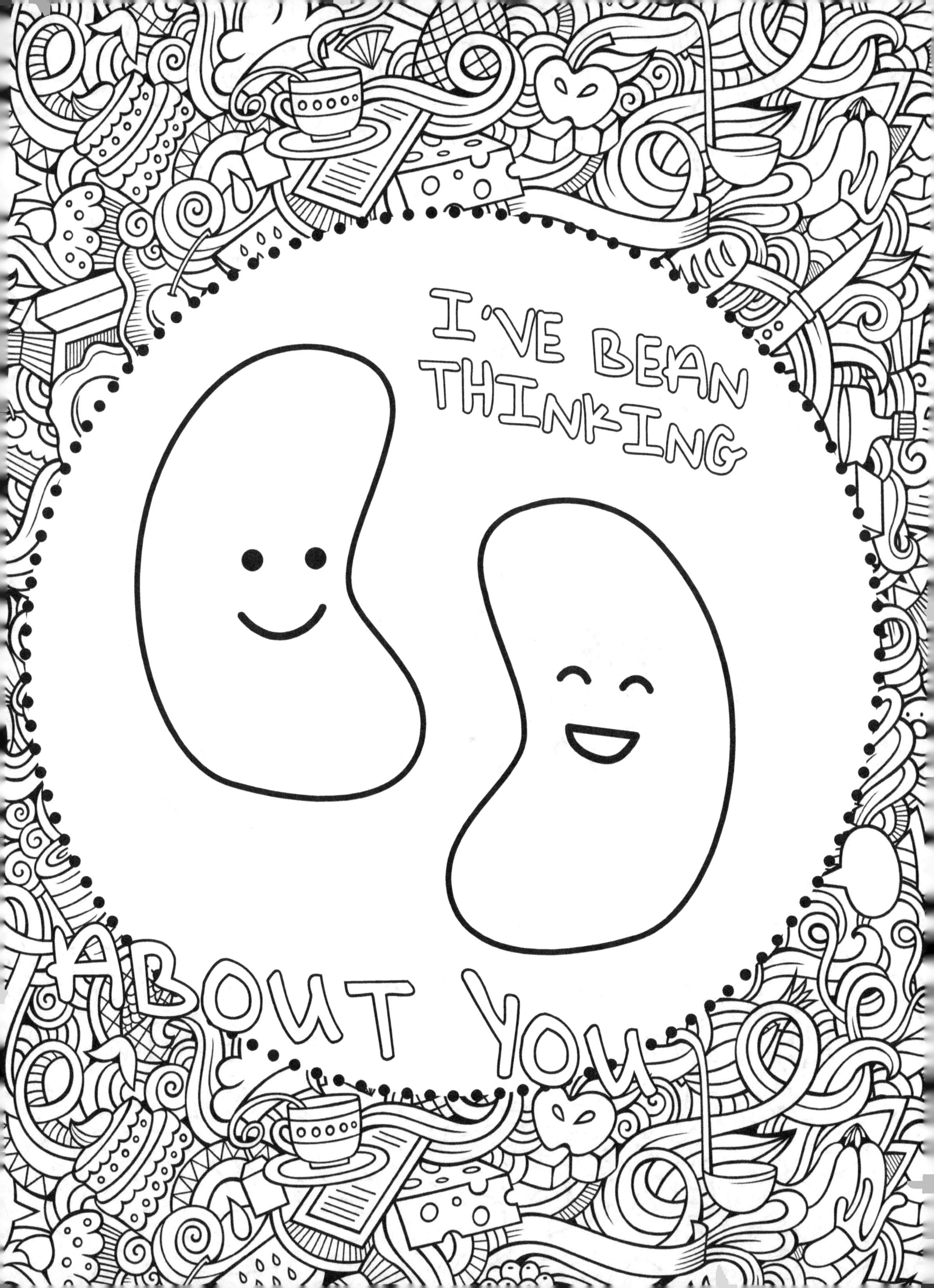
I'VE BEAN THINKING
ABOUT YOU

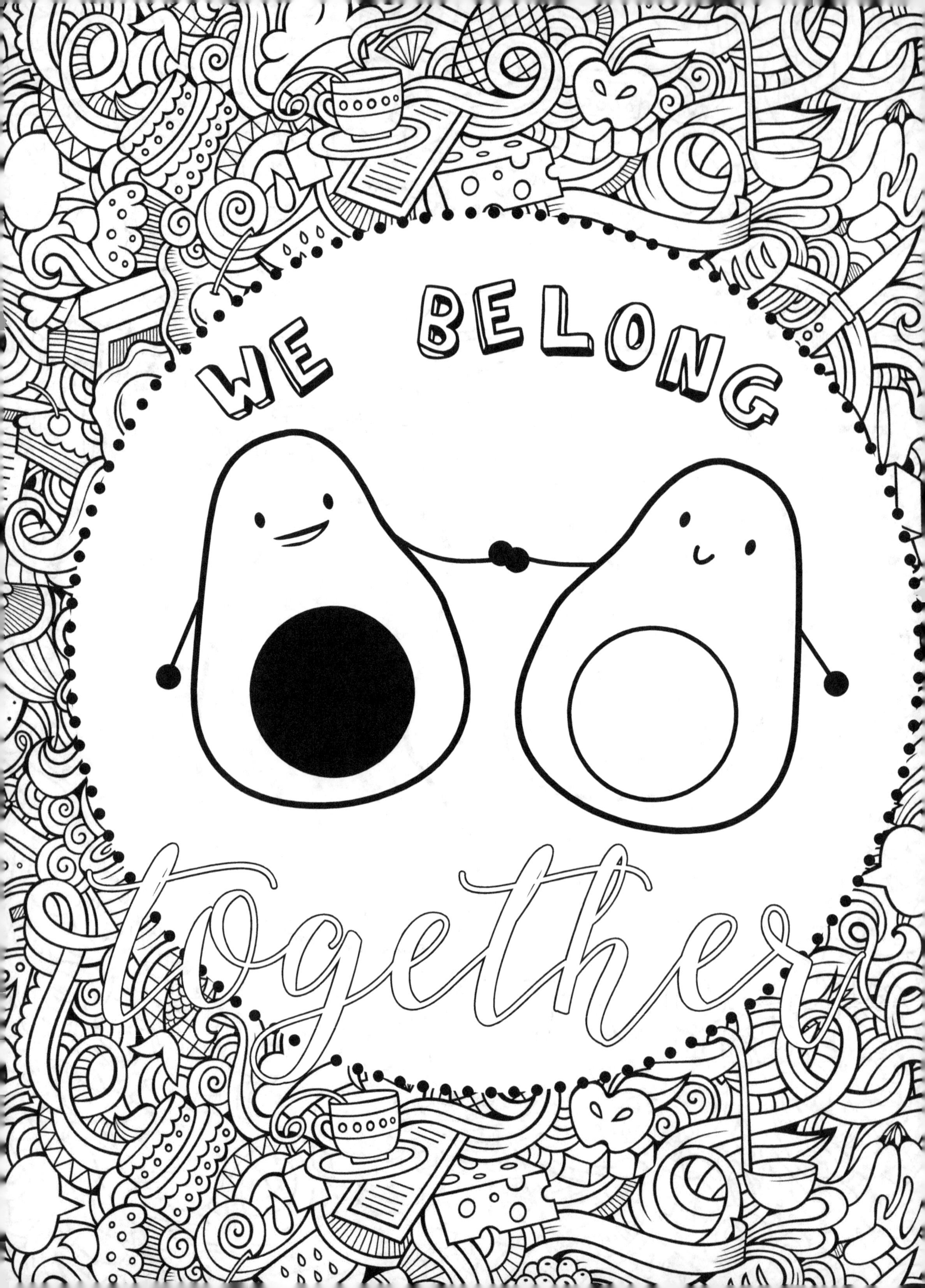
WE BELONG
together

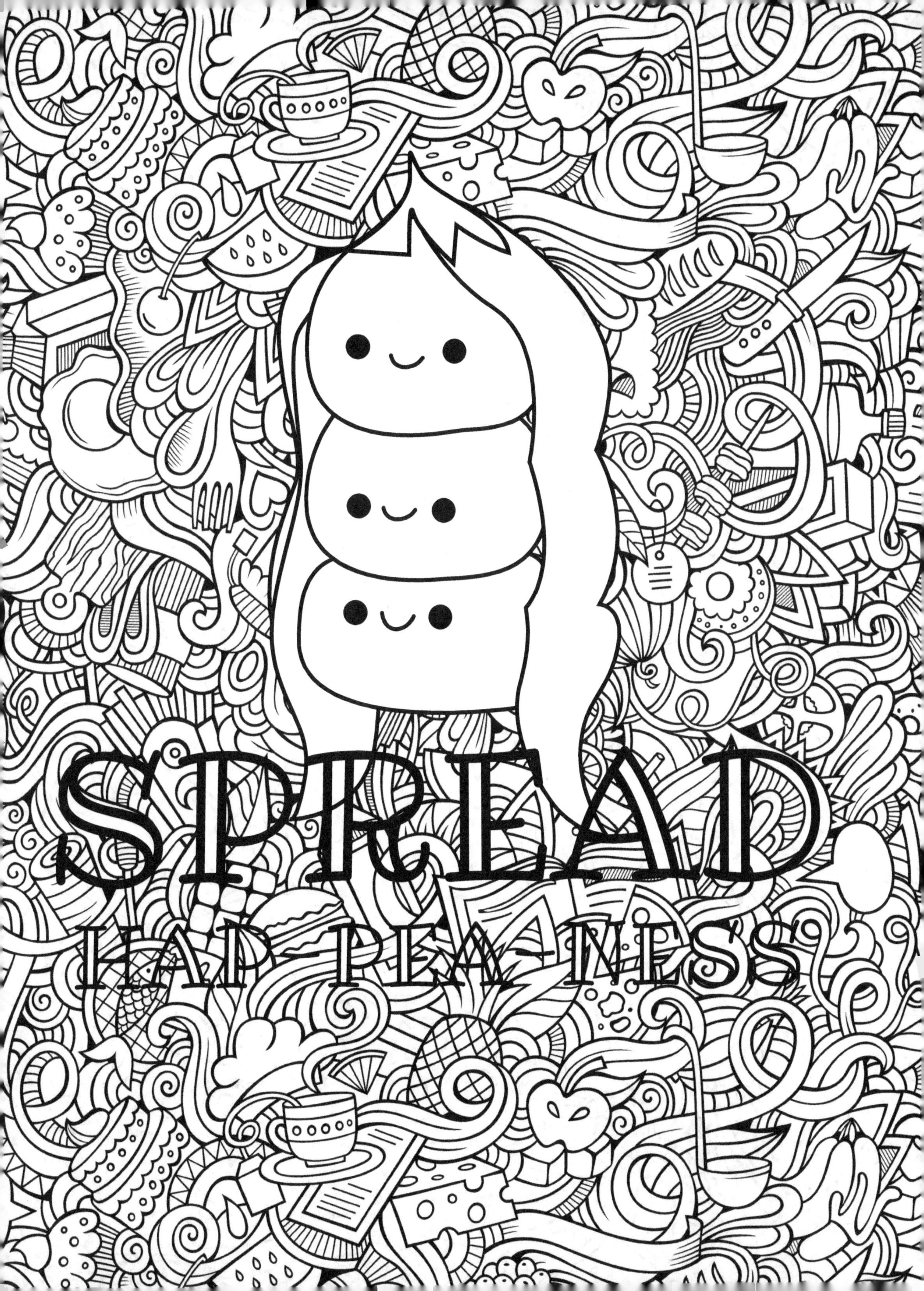
SPREAD
HAP-PEA-NESS

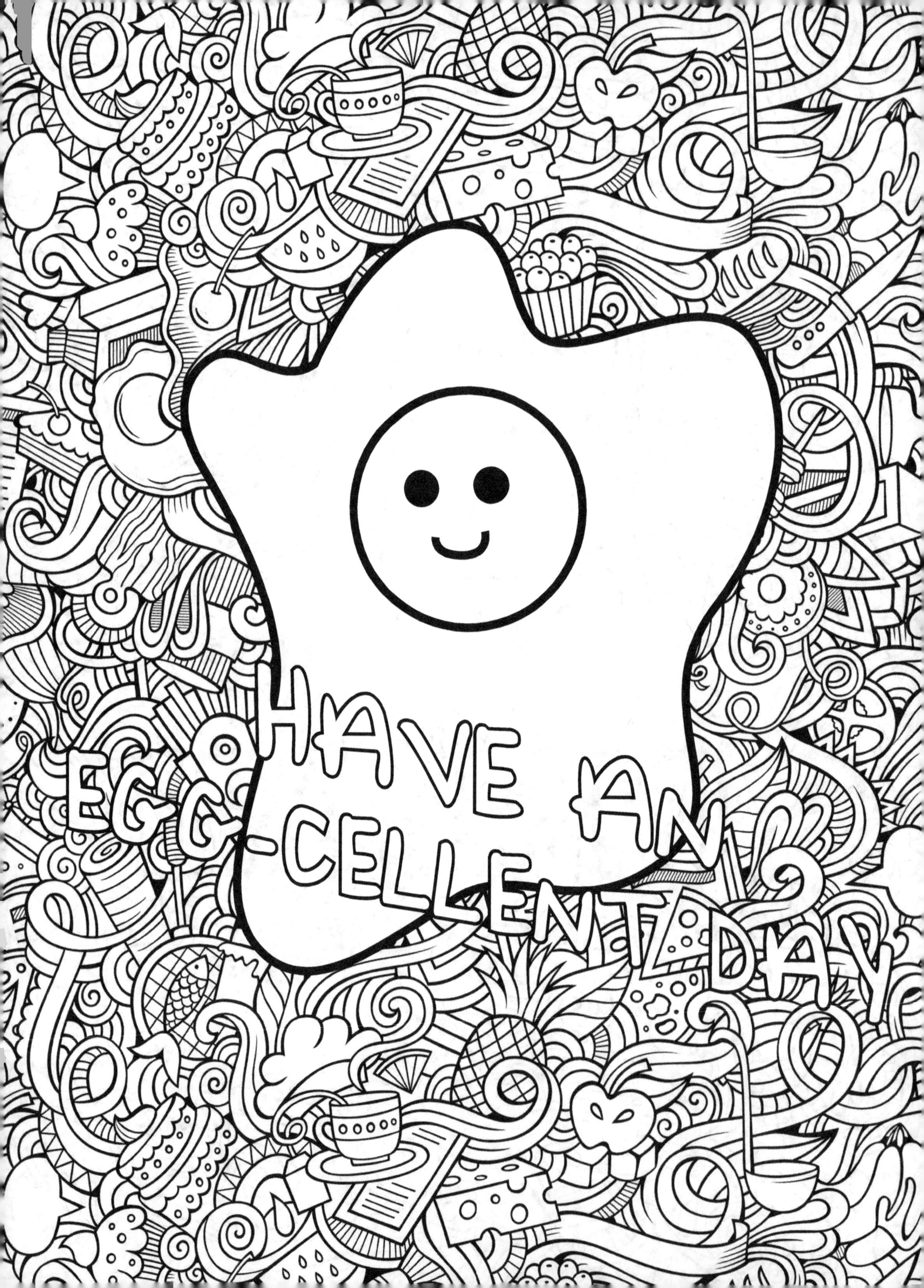
HAVE AN
EGG-CELLENT DAY

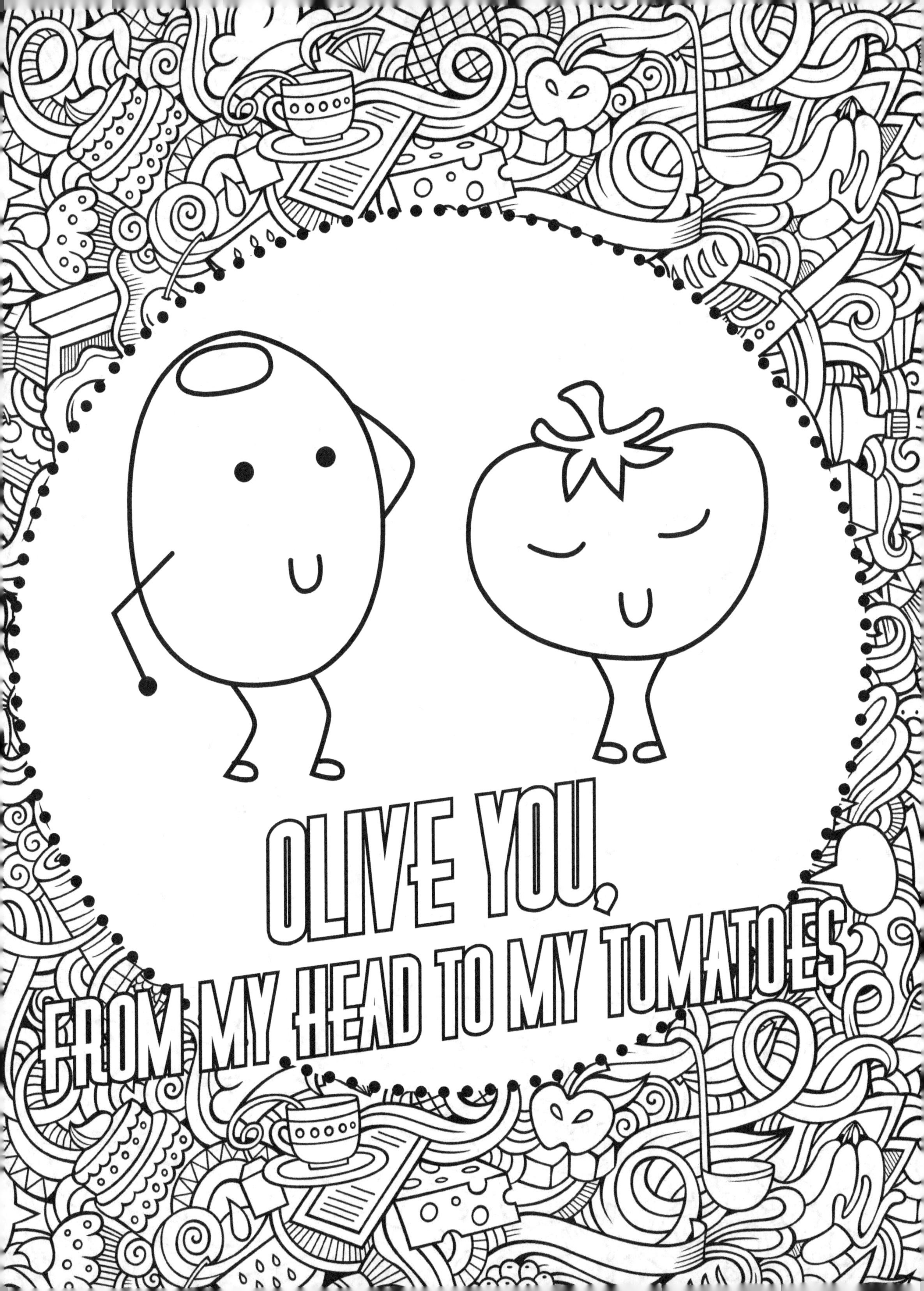
OLIVE YOU,
FROM MY HEAD TO MY TOMATOES

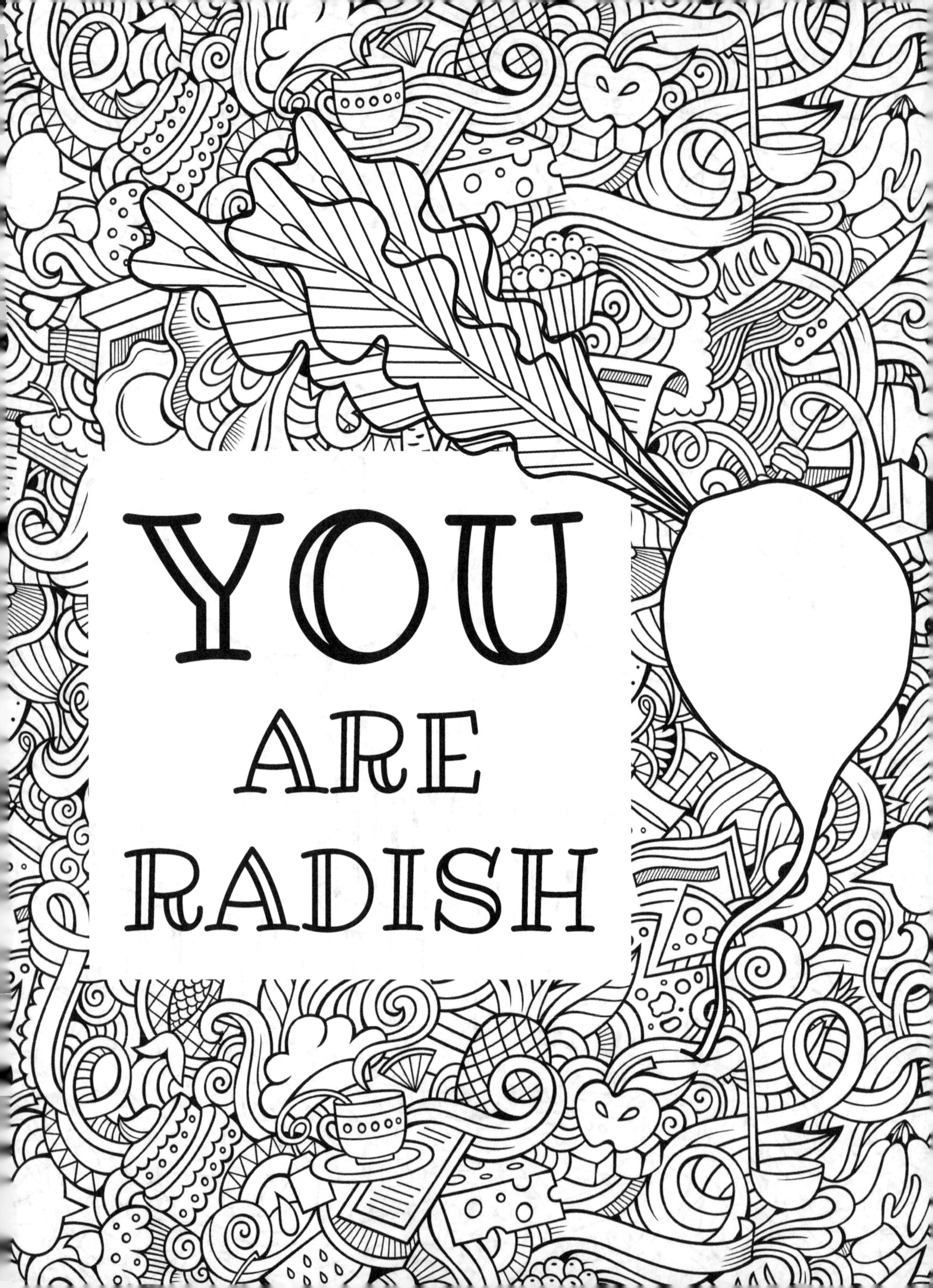
YOU
ARE
RADISH